Günter Kunert

Fremd daheim

Gedichte

Carl Hanser Verlag

ISBN 3-446-16041-8

Umschlaggestaltung: Claus Seitz
Umschlagmotiv: Alfred Kubin »Der verlorene Sohn« 1920

Satz: Setzerei Janß Pfungstadt
Druck und Bindung: Pustet Regensburg
Printed in Germany

Für Marianne
der Reiseleiterin
meines Lebens

I

Herbstanbruch in Arkadien

In fremder Heimat

Die Moore tot, die Leichen abgebaut
und ausgestellt im Schloß. Von Krähen
übertorkelt flaches Land. Verlassne Wege:
Der Sonntag schreint Bewohner ein.
Für heilig hält hier jedermann
sein Haus, sonst nichts. Hin
zu den Meeren westwärts oder ostwärts
wenig Völkerschaften, nur
ein paar stumme Dörfer. Dazwischen
Bodenwellen schafsgesprenkelt
grau zugedeckt so wolkenweit.
Die Scheiben striemt der Seewind.
Die Zunge schmeckt das Salz, Gewürz
für Einsamkeiten à la carte.
Im blinden Auge des Orkans
schweigt schreibt und bleibt
das eingefleischte fremde Ich
selbst unberührt

Erwachen

Bloß Gott
sah die Erde vom Fenster wie du
an solchem Morgen: Alles fremd
erdacht und fraglich.
Kann etwas wirklich so sein
wie ein Baum und rastlos bewegt
als wisse er nichts davon?
Hinter dem Glas der Scheibe vielfach
blaugetönt zart und immer zarter
bis jenseits der Horizonte
das vergessene Wunder. Wer
hat dich eigentlich aufgefordert
dir von alledem ein Bild zu machen
und verflucht zu sein
wie jeder
ohne Ahnung von Anfang an
irdischerseits gewesen ist

Aus meiner Vorgeschichte

Als der Krieg vorbei gewesen
besuchte ich einmal die Natur
mit der Eisenbahn. Gegen Abend
flogen am Fenster Funkenschwärme
vorüber: Reise
durch ein vorgetäuschtes Inferno.
Oftmals versagte das Licht
im Abteil so daß
fremde Hände sich gegenseitig
berührten und mehr noch.
Verstohlene Küsse
vor der Ankunft
und eh Tag und Zweifel dämmerten
erfuhr ich so
wer ich sei
um es gleich
zu vergessen

Feuerwanzen

Lebende Hülle des Baumstammes:
Ein einziges Gewimmel
von den Wurzeln bis zur Augenhöhe
Rotschwarz schildförmig
nebeneinander übereinander unbekümmert
um meine Anwesenheit:
Großes fleißiges Volk
dessen Tun ich nicht begriff
angeekelt und hingerissen
in einem fremden Garten meiner Kindheit
und längst von uns gemeinsam
verlassen wie Eden

Kindheitserinnerung

Ein Danaergeschenk
das Vergrößerungsglas: Fremdartiges
Fleisch der eigene Daumen. Und
bei Sonnenschein gar
mitten aus der Buchseite heraus
begann es zu brennen:
Wie späterhin Häuser und Straßen.
Wie Anverwandte so weit fort
daß ich nicht einmal
was vom Rauch sehen konnte
durch das Dachbodenfenster
betroffen
von soviel Aussichtslosigkeit

Biographie

Nächtelang las ich mich blind
in Büchern über das Elend der Welt
Krieg Not und Tod
Feuer und Stahl
selber inmitten kaltgewordener Ruinen
selber entronnen
die Zeilen wie Brot
gierig verschlingend: Leben
Leben
Bis mein Zimmer erstrahlte
heftig im Glanz
eines strotzend sinnlosen
Morgen

Alltäglicher Spuk

Wieder höre ich Schritte
im Hause umhergehen.
Wer ist da?
In meinem Schädel
regen sich Namen. Rufen
ist zwecklos. Keine Illusion
antwortet mehr.

Doublette

Im Auftrage des unbekannten
Morphologen
täuschen Wolken wieder
Gebirge vor.
Kumuluszungen schieben sich
in verwechselbare Bläue
als Halbinseln. Am Horizont
steigt die Erde erst recht
himmelan
aber das hält nicht vor.
Wir merken nicht
wie es vergeht. Wir staunen
und sehen
es sinkt eine Barke
aus Licht
heim in die Nacht.

Gestern nacht

Mittendrin erwacht
und aufgestanden. Schritte
in aller Stille, eigene. Am Ziel
der Tisch mit der zerkratzten Platte
mein Lebensgefährte. Las
in einem Buch so für mich hin
aus Schweden die Gedichte
über Licht und Helligkeit
leuchtende Seen und dergleichen
was man so schreibt
im ewigen Dunkel
eines halben Jahres und begab mich
ermüdet heim
in meinen eignen Traum.
Drüber hinaus war mir
kein Sinn.

Dunkle Stunde

Mond läßt uns beide nicht schlafen.
Im Zimmer gehe ich auf und ab: Ein Posten
der nichts bewacht. Die Festungen
sind geschleift
die Schlösser Museen
die Hütten vermietet. Nur
wer für eine Viertelstunde
seinem Ich entschlüpft findet
Begleitung: Kleine Gestalt
schwärzlich ja schmutzig und schon
recht alt
trotz angeborener Schwäche.
Sonst übersehen wie immer:
Die eigene Wahrheit. Ihr Kompagnon
bleiben so ferner wie fruchtlos.

Nordsommer

Bis in die Nacht hinein
Helle: Man könnte
Zeitung lesen. Aber sogar
das Licht fragt: Wozu noch?
Mitten in einer gemäßigten
Landschaft
hingestreckt berglos
eindeutig Heimat
eher von Dörfern. Über
dem einen jetzt spät
unser Zentralgestirn
ganz unnatürlich angebracht
für Ansichtskartensammler:
Riesig rot.
Wenn einem doch bloß
Zeit bliebe
für den langsameren Untergang

Hinter der Hecke

Wie das Grün wuchert
in diesem Garten höre ich
Stimmen sagen Aber das ist
noch nicht genug antworte ich
sprachloser
Dichter und höher will ich
die Bäume die Hecke das Kraut
das gegen den Tod wächst weil
seiner eigenen Wiederkehr sicher
weil es *Löwenzahn* heißt
Auf der Suche
nach solcher Gewißheit bin ich
Leser geworden
botanischer Handbücher und solcher
für gärtnerische Belange
unbändig verdorrend und voller Verlangen
nach einem Namen
gleichen Versprechens

Botanische Exkursion

So früh unterwegs:
Zage Schritte im taunassen Gras.
Horizontdunkel: Ob die Sonne
wirklich wieder aufgehen wird?
Wohin mein Freund
oder Feind oder du?
Auf Suche
nach der Blauen Blume
Selbstvergessenheit
die einem selten bloß blüht.
Doch da und dort
wuchs im Morgen
Grauen
allenfalls Traumschaumkraut.

Ausschau

Mittag um Mittag vorm Fenster
dieselbe Perspektive:
Felder Furchen Frucht.
Dahinter die älteste Kirche
des Landes. Ihre Steine stammen
von Carolus Magnus lügt wahrhaftig
die örtliche Legende. Über
tausend Jahre alt ist alles
ringsumher. Alles zahllose Male
durchpflügt gedüngt bestellt:
Nun ist das Gift reif zur Ernte.
Nach einem kurzen Millenium
verliert sich jede Aussicht. Und
mehr und mehr
Drähte ziehen hin zum Horizont
den demnächst brechenden
Blick.

Sommertag

Ermattet auf Wiesen liegen
von Ameisen milde gequält
Atmen: In endlosen Zügen
visionär dem Globus vermählt.
Der Mensch in der Horizontale
erfährt ein anderes Ich
unter der Alltagsschale:
Das Höchste für Erdenkinder
auszuruhen wie Rinder:
Glück: Etwas sommerlich.

Altgewordenes Haustier

Genau wie Gott
seit langem taub.
Sitzt am Fenster
und starrt in seine Stille.
Die Augen gläsern gelb.
Das stumpfe Fell Kontrast
Dem Glanz des Tages.
Von meiner Anrufung erreicht
den Entrückten kaum ein Hauch:
Sein Name
der ihm nicht mehr
eingeht.

Märchenhafter Augenblick

Eine Fee erscheint.
Ich: Auf einer Wiese gelegen
halte sie für eine Frau und
sehe ihr erwartungsvoll entgegen.
Für diesen Irrtum
bestraft sie mich indem
sie ihren Rock hebt
hoch und höher aufschwebt
wachsbleiches Gekröse
vor mir entfaltet: Wie bald
so oft übelkeiterregend
die verborgene Seite
unterm Wunderbaren.

Herbstanbruch in Arkadien

Ein Vogelzug; der letzte:
Keiner kehrt wieder.
Das abgefallene Blatt
wächst nicht mehr nach.
Nur der Asphalt erträgt
zeitweilig unsere Hast
mit der wir verschwinden.
Und der Einmarsch von Toten
hält an
lautlos gewöhnlich:
Unbesiegliche Macht:
Ungesichter:
. . . hier wir . . .

Unwetter anhaltend

Aus der Richtung meiner zeitweiligen Sehnsucht
Grüße aus britannischen Niederungen
über See mitteilungsmächtig:
Willst du wirklich zu mir
herrschender Ariel
vor dem wir uns neigen: Baum oder Strauch
oder was weiter der Erde entsprang.
Im überstürzten Düster
die Beine im Boden verfestigt
panisch regsame Riesen
wirr gestikulierend.
Geschwinde Wolkencontainer
drüberher drüberhin
fliegende Schwämme plötzlich
ausgepreßt damit die Scheiben erblinden
damit ich mich abwende
vor solchem Geschehen
in ganz anderes Dunkel
Schlaf oder sonstwas

November

Jetzt im November
dem Sturm zuhören
keinem sonst. Monat
der Revolution der Selbstmörder.
Alles Versprochene zeugt
alsobald Ekel wie Worte
glitschig vom Sabber
endlosen Gebrauchs: Prothesen
aus Allerweltsmündern.
Jetzt im November stattdessen
das pathetische Rauschen
so kalt und so schneidend
wie Wahrheit
vom Trommelwirbel
gefallener Tropfen begleitet
(Eroica der Natur)

indessen wir ihr
den Gehorsam verweigern
um uns zu töten

Herbstmorgen

Der Tag erhebt sich: Früh ergraut.
Vor Schwäche finster. Wie ein Trauertag.
Der nasse Nebel hindert jeden Laut.
Auch deine Stimme klingt nur zag:
Kaum hörbar, da sie nichts vermag.
Denn dumpfe Köpfe rollen jetzt umher.
Verschachtelt und geblendet: Eingeschreint.
Das Leben abgepumpt. Gedankenleer.
In toten Träumen kurze Zeit verneint,
ersteht dein Tag: Als treuer Feind.

Nach dem Schneefall

hülle ich mich in eine alte Wolljacke
und ruhe in einer dämmrigen Ecke
aus. Wieder ist die Sonne
zu schnell gesunken. Wieder
die starren Erinnerungen
zerstückelte Filmstreifen
aus einem aufgegebenen Archiv
wieder dieselben Wendungen und
Bewegungen: Nur Tiere und Maschinen
kommen damit aus.
Und die Worte?
Schwarz geworden auf weiß
gebunden und eingereiht.
Ich wünschte ich wäre so einmalig
wie früher
als es mich noch nicht gab.
Nur wenn die Wege leer sind
scheint mein Leben weiterzugehen.
Vor allem aber habe ich mich
den grasbewachsenen Flächen zugewandt
den Maulwürfen dort
und versuche
ihre undeutlichen Stimmen zu verstehen
ihre Gespräche über die Erde
die sie besser kennen
als jeder andere Blinde.

Sekunde

Da alle Welt mir zugewinkt
wie selten. Allein meinetwegen
die Sonne mit dem Abschied zögert.
Luft ihren Atem anhält.
In lebenstoter Stille
der letzte Bussard
im Atmosphärischen verfliegt.
Da wußte ich genau ich bin
nicht wirklich wirklich vielmehr
von fraglicher Substanz
wie rundum alles
wie die Sekunde oder wie
die schon vergangne nächste
da alle Welt
mir würde haben winken wollen.

Winterabendausblick

Himmel: Abschiedsträchtig
Schneefladen Windeinfälle
Im Geäst Scherenschnitte von Krähen:
Das Wirkliche als Bild
mit dem unhaltbaren Versprechen
von Bedeutsamkeit:
Wie alle Bilder.

Der letzte Januar

Rundum schwarze Aufwürfe
im zottigen Gras: Warum
sind gerade Blinde so fleißig?
Weil diesmal der Winter ausfällt
zeigen die Pflanzen schon
Nachwuchsabsichten. In solchem Januar
tanzen die Mücken zu Mittag
nach unhörbarer Musik. Ihr Dirigent
blcibt abwesend für unsere Augen.
Etwas geht doch vor
hinter den sieben Bergen
durch die Myriaden von Zwergen.
Etwas Uneinsichtiges.
Etwas Unabsehbares.
Etwas wovon man nur durch Zufall erfährt
wenn einer von denen
in meinen Garten gerät
listig getarnt. Hinter dem Brennholz
im Schuppen in Mardergestalt.
Oder maskiert
als Postwurfsendung die vorgibt
an mich allein gerichtet zu sein.

Winterweg

Abdrücke im Schnee:
Von Hufen Pfoten Krallen.
Dazwischen
die geriffelten Sohlen
des toderfahrenen Angstgeziefers:
Verwehbare Spur.

Fundsache

Auf nacktem Feld das tote Tier:
Die Läufe steif, die Augen offen,
nicht länger Spiegel seines Jetzt und Hier,
von einem undeutbaren Tod betroffen.

Kein Blut. Und keine Wunde kündet,
was diesem starren Leib geschah.
Zu flüchtig mit sich selbst verbündet,
verschwindet Leben und ist nicht mehr da.

Doch manchmal hinterläßt es eine Spur
von seinen rätselvollen Erdentagen:
Bringt statt der Antwort aber nur
hervor die immer neuen alten Fragen.

Gegenüber der Deponie

Rehe, ein Rudel, am Vormittag
vorm Fenster. Um infame Geräusche
der Autobahn unbekümmert. Wieder
sickert es naß
drüben aus dem grünen Schamgehügel
über froh gezeugtem Abfall
mein Schutterbe mein Giftnachkomme
dauerhaft abgetrieben
endzeitgemäß. Drinnen aber
die Bücher. Papierne Wälle
gegen Wirklichkeit.

Warum gebe ich die Welt verloren?

Weil in keinem geschrieben steht
was geschehen wird
was immer geschah
in vergangener Zukunft
von Wort zu Wort
zu Wortlosigkeit.

Verwilderter Park

Klaffende Gitter. Kein Halt
für windige Neugier.
Hüterloses Torhaus unter brüchigem Dach:
Veteran verlorener Wetter. Rauher Rost
zeichnet auf Blechtafeln unser Gesetz.
Auch du
geborstene Mauer aus fälligem Ziegel
weißt das deine.
Moos kriecht aus dem Nichts
und bekleidet der Statuen Stein
und Bein.
Hier Gußteile sphinxhaft. Da morsches Holz
unbewohnt schon. Und
das verwitterte Papier unbeschreibbar.
So sprechen Dinge von der Freiheit
des Unnützen
ledig aller Aufgaben: Ihnen
nicht ins Wort zu fallen
wäre die deine.

Sonntag auf dem Lande

Die Jäger erscheinen nur sonntags
am heiligen Tag wird getötet
Sie treten aus Büschen aufs Feld
das sie umringten
einige zahme Tiere
halb menschengroß
auf dem Boden und nun
kann gefeiert werden.

Meine diversen Adressen

1
Tagelang Nebel. Glänzend reglose Bäume.
Die Katze auf dem Fensterbrett täuscht
völlige Abwesenheit vor. Ich
stütze die Ellbogen auf die Tischplatte
müde vom Dasein. Hin und wieder
fällt ein Wort aufs Papier
obwohl ich nicht traurig bin.

2
Frühjahr und Herbst gleichen sich
manchmal. Gleiche Gräue, gleicher Regen.
Wer jetzt vor die Haustür tritt
hält sich für keinmal sterblich.
Und der Rauch in der Ferne
steigt aus den brennenden Städten
unaufgehörter Vergangenheit.

3
Rot und nackt aufklaffend unterm Messer
in der Küche das Fleisch wie ein Mund:
Nur ein Stück
zweifelhaften Verwandtschaftsgrades
dem du niemals begegnet bist
zu Lebzeiten. Was keiner wissen will
spricht aus ein roher Klumpen.

4
Vom Tod haben wir viel gehört
und gelesen. Er erscheint als Skelett
auf Bildern und in Wirklichkeit
oftmals uniformiert. Als Weltmeister

ein Phyrrussieger
ein Schnitter dem die Ähren
über den Knochenkopf wachsen.

5
Die Gerinnung versagt. Schon verfließt
das Blut der Dichter im Staub
der Geschichte. In den Archiven
und anderen Grabstätten hängen
häufig Fotografien ausgestattet
mit unsichtbarer Gloriole:
Heilige der letzten altertümlichen Tage
hinter ihrer Schreibmaschine
mit bissig zahnloser Miene.
Während die schwarze Flut der Zukunft
bereits die Kolumbarien umspült
die hier Karteikästen heißen.

6
Vordem Modell
vollendeter Hoheit und Harmonie
Göttliche Sphären.
Der Kosmos besteht
neuerdings aus gravitationellem
Vergessen. Fremdkörper
leiblos und lieblos
machen sich fort nach Nirgendwo.
Auf einem davon
wähnst du dich daheim
sogar.

II

Fluchtweg für Phönix

Daidalos

Unter dem Anhauch
meiner eisernen Söhne
meinem Haupte entsprungen
meinen Händen entsprossen
sieche ich jämmerlich dahin

Sie machen mich
zu einem Mythos für keinen
und am Ende
meiner vergeblichen Sendung
verlischt mein Bild
unaufhaltsam

umringt von der Schar
aller nützlichen Dinge
als ihr Vater

Autofriedhof

Berge aus Blech und Rost
als wäre schon keiner mehr da
Überflüssige Einstiege einladend offen
Leblose Farben Eingesunkene Dächer
Blinde Reste von Chrom und Glas aber
die Markennamen wie
von Pharaonen
Zeiten ordnend Zeit überdauernd

»Für friedliche Zwecke«

Ein Griff zum Schalter
bestätigt: Unter Betonkuppeln
brodeln die Elemente Doch
es ergibt sich ein Riß
im System hin und wieder
Trost finden wir allemal
und Platz wo der Hund
begraben liegt Vorüber rollen
wo wir verbunkert verblieben
mächtige Gefäße gefüllt
mit dem Geheimnis der Materie
hochgemut entschlüsselt
in die Zukunft an unsererstatt
Morgen ist über alledem Ruh
und kein Hauch und kein ich
und kein wir dazu

Naturgeschichte

Aristoteles bereits vermißte
eine Historie des menschlichen Körpers
und seiner Teile. Zum Beispiel
die Genesis des Gesäßes
gefestigt und gerundet durch nichts
anderes als Abermillionen Tritte.
Selbst Kniescheiben flachten sich ab
zur bequemeren Anbetung der Macht.
Eine immer dünner werdende
Hirnschale entsprechend abnehmender
Armkraft
welche zum Einschlagen nötig ist.
Die Natur hat dem Homo sapiens
die Chance eingeräumt
Mensch zu werden
und Unmensch zu bleiben.

An einem 1. Mai

Sie standen auf der Tribüne
und sangen mit
fadenscheinigen Stimmen.
Heran und herbei wallten
Wogen Leben und Leben
verrannen. Manches
in Kneipen und Küchen
in bewohnten Familiengrüften
vom unausdenkbaren Ungehorsam
trunken: Freiheit
zu Speichel destilliert.
Später wie vorher wieder
von Geräten befangen
von zahllosen Göttern bezwungen
mit nichtigen Gesten
mit leblosen Worten
Worten wie Wachs
Worte wie von verwehten Liedern
Worte wie nichts als Worte
als Laute
aus traumlosen Koma.

Aus deutscher Vergangenheit

In die Gewänder von Herrschern gekleidet
beziehen Platzanweiser Posten.
Vor den Türen werden Menschenmassen
abgekippt: Haufen
die sich schnell verlieren.
Über allem erklingt eine Skala von Tönen
hervorgebracht ohne Instrumente.
Bevor die Feierlichkeit beginnt
steigt ein Herr im grauen Dreß
aufs Dach und streut ein paar Körnchen
Ewigkeit durch den Schornstein.
Dann reißt der Film
und überläßt uns unserem Schicksal
das im Verstummen besteht.

Lehren ziehen
(In memoriam Primo Levi)

Von den letzten Leichenbergen her
ruft eine Stimme: Schuhe!
Schuhe sind wichtiger als Nahrung!
Wer nicht weitergeht
wird erschossen. Denn
auf das Fortschreiten kommt es an
für den der
sich nicht fortschleichen konnte
rechtzeitig aus unserm Jahrhundert
mit schlurfenden Schritten
ein Todeskandidat nach dem andern
elendig frierend weil
das schwache Feuer der Scham künftig
Nachgeborener keinen wärmt.

Die Fee

Der Blick aus deinem Fenster fällt
auf nichts als nur Vergangenheit.
Sie hat ja längst dein Haus umstellt:
Zum steten Überfall bereit.

Verkleidet aber: So als Qualm.
Als Grube Gittertor und Schnee
Als totenblasser Nebelschwalm
wirkt sie wie eine finstre Fee.

Sie hebt die Hand: Und alles Licht
wird grau und nimmt ihr Alter an.
Und nimmt so jeden in die Pflicht
der sich an sie erinnern kann.

Weihnacht

In allen Häusern ist schon Licht.
Hingegen in den Hauptessachen: Dunkelheit.
Unhörbar, was die Nacht verspricht
an kurzer Freude und an langem Leid.

Was hier als Zeichen in der Wiege ruht,
Jahrhundert um Jahrhundert fromm verehrt:
Ein bißchen Fleisch und Bein und Blut
ist allemal auch uns beschert.

Doch alles Feiern gilt dem einen Kind,
das später einmal unter Foltern stirbt.
Trotz allem Licht: Wir bleiben blind:
Auf das uns nichts den Appetit verdirbt.

Einkaufszentrum

Letzte Worte sind leere Worte
sind Preisfragen: Manchmal im Einkaufszentrum
Bitte und Danke
beim Durchqueren des Lebens
wenn der Schritt stockt: Hört denn keiner
ein Stockwerk höher Gott jammern
über unser Tun: Haschen nach Wind!
Jede Wahrheit wird
von Saison zu Saison billiger
und von Augenblick zu Augenblick.
Weil die Bekanntschaft mit der eigenen Person
in kein Paradies führt: Sieh
diese zwiegesichtigen Frauen
die ihre verfahrenen Züge daheim lassen
andere wohlgeordnet unter Leuchtröhren
und angepriesen: Doch als ob
jeden Moment
die Sauerstoffzufuhr aussetzen könnte.
Lebendes Wachs zwischen den Händen
zwischen Lawinen von Ware
die den Tod besser kennt
von ihm in Plastiksäcken heimgeholt
schon morgen

Kunde im Hörselberg

Der Laden
voll von gealterten Aphroditen
und rundherum zahllose Flakons:
Vergeblich sprudelnde Jungbrunnen.
Wohlgerüche
noch nicht personalisiert.
Die Schönheit als Versprechen.
Und die biologische Wahrheit
die kostenlos ist.
Im Puder sei echte Seide vermahlen:
Was für ein Hautgefühl!
Doch die Farbe schwinde
mit jeder Stunde. Auch ich
dunkle gehorsam den Tag über nach
um am Abend andernorts
ganz zu erlöschen
aus einem Mangel
der durch Benennen
nahezu unkenntlich wird

Gespräch der Flaneure

Lauter Wortwechsel
über die schrumpfende Erde:
Verworfen ganze Gebiete: Unbetretbare
Hochhaushalden Müllwüsten
Überquellende Samenbänke
Massenhaft verselbständigte Genitalien
Vermehrungsbrunst: Wohin denn wir
wenn das Gewimmel noch zunimmt?
Hinfällig drehen wir uns mit dem Planeten
der Nacht zu und entgegen dem Tage
eines festen Standpunktes wegen.
So schimmern zum Abend hin die Gestirne
verlockend wie je
künftiges Unglück.

Alltagungen

Scharen von Narren
veranstalten gelehrte Zusammenkünfte
über Husten und Rülpsen
weil nichts authentischer ist
als Husten und Rülpsen.
Körper behäbig von Trunkenheit
ausgesogener Wörter
belagern einander verständnisinnig
diametral. Gedanken summen
eilfertig umher und putzen sich eifrig.
Wer zwingt die Tage
so zu vergehen? Sind wir allein
zu diesem Zweck
zur Welt her
gekommen?
Und selbst
wenn gen Abend das Wetter sich bessert:
Wenn endlich die Wolken auch
abgereist sind: Immer Augenblicke
zu früh versunken
hinter luziferischen Erscheinungen
das wirkliche Licht.

Städtische Frühe

Im Morgengrauen die Eiligen
Menschen sind einem nie fremder
wie in dieser Stunde: Weil unerwartet
so sichtlich
voll Sinnleere ihr Tun.
Getrieben von Ziellosigkeit
werfen sie gierig sich
über Tabellen und Quadranten
Register Zahlen Kurven Konten.
Ihre Träume in einer Ecke
zusammengeklappt aufbewahrt
für freiere unerreichbare
Tage.

Verwandtschaftsweise

Von jetzt an
heiße nicht mehr als etwas
bewegliche Biomasse Du
Wunderwerk irreparabel. Du
Dornenkrone der Schöpfung.
Du fleischgewordenes rastloses
Restrisiko. Du Strohkopf
im Heuhaufen Menschheit
unauffindbar.
Sich verleugnender Säuger
tauglich wie Kain anderer
zu Wort und Totschlag.
Freudianisch schöner Götterfunken
am planetaren Pulverfaß
schlichtweg gestimmt
zu letalen Liederlichkeiten
in aller voraussehbaren Zeit.
Sei umarmt aus fraglichen Gründen
meinerseits schlotternd
gewissenlos Bruder du.

Achtzeiler

Auf toten Flüssen treiben wir dahin,
vom Leben und dergleichen Wahn besessen.
Was wir erfahren, zeigt sich ohne Sinn,
weil wir uns selber längst vergessen.
Vom Augenblick beherrscht und eingefangen,
zerfällt der Tag, der Monat und das Jahr.
Und jede Scherbe schafft Verlangen
nach Ganzheit: Wie sie niemals war.

Paläontologie

Zierliches Knochengerüst
Zartes Relief
Zeit wo wir nicht waren
Ungemessene Monde
Später dann ein Fußabdruck
im Sand der versteint
Versteckt im Fels
die Handsilhouette
Eine Warnung
Doch ich ging weiter
ins Labyrinth fernerer Tage
Folgte der Weglosigkeit
und geriet in den Traum
eines Tieres das ausstirbt

Besuch im Fotoalbum

Welche wie du und ich
kommen uns unter die Augen:
Als verblaßte Fotografien:
Junge Leute
altmodisch mit Zukunft ausgerüstet:
Immer erneut erschöpftes Vermögen.
Bar allen Verstehens
betrachte die fröhlichen Fremden
diese Ahnungslosigkeit
weil ihr ganzer Daseinssinn
dreizehn mal achtzehn Zentimeter
nicht überschreitet und damit endet
dir und mir
gleichen zu wollen.

Impression

Diese alten Fotos: Darüber gebeugt
greisenhafte Geschöpfe:
Rückblick auf ferne Welten:
Lauter lachende Gesichter
damals
als sei die Trauer abgeschafft
gewesen bevor der Tod kam
um heute aus den Bildern
über uns zu lächeln.

Eintagsfliegen

Stumme Phantome ersichtlich
durchs Mikroskop: Entleerte Gefäße
aus Körpern verdorrter Insekten.
Stumpfe Facetten
starren dich an. Und wie
den Schmerz eines Mangels
spürst du am eigenen Schulterblatt
den ausgerissenen Flügel.

Am nächsten Schwarzen Freitag

Wenn Babels Banken verkrachen
heißt es wieder voneinander zehren.
Unmittelbar: Auge um Auge
Bauch gegen Bauch. Aber Naturalien
habe ich nur in Körperform
anzubieten. Und was dir wohl bekommt
Darling kannst du nicht essen.
Kein Dasein ohne Hingabe
allseits benötigter Lebensmittel
Zahnbürsten Backpulver Streichhölzer
Hände vor allem
von denen eine die andre wäscht.
Nichts ohne Annahme des Notwendigen
das dich auffrißt und dich erhält.
Geben nehmen geben gesetzgemäß.
Kaufkraftlos gehören wir zur Familie
heimatvertriebener Termiten.
Nach dem Ende aber
solcher Symbiose von Münzen und Menschen
schwinden zuerst die Dichter dahin
mitsamt ihrer unsichtbaren Ware
ohne Tauschwert
ähnlich den Schatten gen Abend.

Bilanz

Fantasie! Fantasie!
Wie rasch solch Notruf verhallt.
Stumm der Wunsch
von Schlafwandlern nach Träumen
ohne Vorbild und Muster. Verlangen
nach dem Unausdenkbaren als Ereignis.
Aber es entsteht aus der Leere nichts.
Nur wieder eine Frau vermutlich
irdisch
schlampige Brüste und gespreiztes Gebein:
Tiersein der Verständigung wegen
über das geoffenbarte Geheimnis
der Natura naturans: Fremdkörperliche
Erfahrung von Ab- und Ausschweifungen.
Doch alle Entblößung enthüllt
nur Kalenderwunden
Narben biographischer Ziffern und
Zahlen von unheilbarer Mathematik:
Daß einmal zwei zweimal einer bleibt.
Stets sind die Gleichungen falsch
bevor die Tür des Alltags
ganz zuklappt:

Fantasie! Fantasie!

Abendstunde

Während wir
in unseren Betten versinken
keuchend in Träume
der Seele des Fleisches
(O die weißen Strände der Zweisamkeit
Ahnung lustvollen Lebens)
liegen anderswo andere:
Zweckvoll gequält und vergessen
Bis aufs Geschlecht geschunden
In Beton versteckt sterbend:
Ihre Angst ist eine Pfadfinderin
und kennt die fernsten Wege
die führen alle
zu unserm Erwachen

Atemloses Gedicht

Weichteil durchbohrt wie naturbefohlen
Verschlungene Glieder ruhlos gebettet
Biologische Zwänge ganz unverhohlen
und damit verirrte Seelen gerettet:
Die kehren zurück aus ihren Exilen
alltäglicher Täuschung und banger Tristesse
verlockt von der Leiber sterblichen Spielen
zur einfachen Wahrheit entledigt vom Dreß
von Verpackung Maskierung von jeglichen Hüllen:
Fleisch sein – nicht mehr: Sich zu erfüllen.

Eintritt Morpheus

Schlaf kommt
namentlich durch die Finsternis
ein Bote
beladen mit Freunden und Fremden
Eltern und Kindern: Leichenkärrner
zieht aus versiegelten Gruben
alle miteinander und wirft sie
dir an den Kopf:
Da! Nun gedenke und weine
schreie schweige und schmarotze:
Kannibale
der vom Verstorbnen zehrt
aus Hunger auf Leben
das es nicht gibt und nicht mehr.

Unterwegs mit Charon

Lange in stinkender Kiste
unterwegs. So sollte die Ankunft
tröstlicher sein: In immerhin
unbestimmter Gegend. Es heißt
sie sei häufig gesichtslos. Ja
da und dort bräche Umgebung gar
ganz einfach ab. Topographisches
Niemandsland: Am ehesten
durch geschlossene Lider zu
erschauen. Was sonst?
Schattenumarmungen wie vordem.
Aber an meinem einsamen
Atmen merke ich:
Holz umgibt mich rings
wie angelangt
am immergleichen Unziel.

Wahrnehmung

Gleich neben dem Hinterausgang
der Zeit
stapelt sich Gegenwart um Gegenwart:
Unbetretbare Halde
Erschreckender Anblick
Was hinter uns bleibt
ein Friedhof
Herausragende Trümmer und Torsi
Die bleiche Gestalt
Engel der Geschichte
vorlängst abgestürzt
Sein Blut ist schneeweiß
tritt unmerklich aus
verheerend wie Abwasser
wirksam wie Lethe
durchtränkt den Boden
unter deinen Füßen:
Vergiß dich besser selber
bevor andre es tun

Bei Einvernahme

Das Leben verfliegt
im Anblicken der Welt
der Erde die dauernd
auf Sargdeckel poltert
im Staunen über die Vielzahl
behauener Steine Verblendender Bilder
über Gesichtszüge und Schriftzüge
die so vieles preisen oder
den Preis bezeigen. Eben berührt
sinken Leiber schon ins Vergessen:
Die Hand enthält kein Gedächtnis.
Abgeschabt Tag für Tag
über dem einzig verläßlichen
dem Nichtsein Schicht um Schicht
bis auf die genußlosen Knochen.

Immer wenn ich zurückdenke
an Gestern bin ich
eine kleine ägyptische Tonfigur
über Papyrus gebeugt
und alles aufzeichnend was
ich nicht zu verstehen vermag

Standpunkt

Manchmal scheint es
auch die Stimmen meiner Freunde
sagen mir nichts mehr. Worte
betreffen mich nicht. Was soll man
schon Geräuschen erwidern?

Inmitten lauter Verstummter
zwischen mundlosen Büchern und Tod
verheißenden Gebrauchsgegenständen.
Angesichts dieser vorm Fenster
hilflos gestikulierenden Bäume
zum Sterben verurteilt von meinesgleichen.
Im Kopf eine Landkarte
mit ausgezeichneten Irrwegen
teile ich jedermann jenes
ursprüngliche Schweigen mit:
Aller Versprechen
aufrichtigste Kehrseite.

Fluchtweg für Phönix

Entgegen den heranrollenden Straßen
entgegen den Geometrien
und totsicheren Umleitungen zu
Urnenstädten
dem Versprechen zuwider
daß Asche der Jungbrunnen sei
behielt ich meinen Leib
ließ nur ein paar Federn und
machte mich auf
in die Ornithologie
ungesäumt unaufhaltsam
und davon
zur Ansichtssache.

III

In Heines Sinn

Ratschlag in Heines Sinn

Die Augen zu. Die Ohren taub.
Kein Wort zuviel. Vor allem glaub
der stillen Güte jener Macht,
die über deinem Haupte wacht,
daß ständig es von Leere voll
und weiterhin so bleiben soll:
Sieh, was dir nahe, besser fern.
Gesünder lebt sichs, wenn die Herrn
dir wohlgesonnen freundlich sind:
Du liebes Volk, du großes Kind.
Geschichten, die dir wer erzählt
von Menschen, die man einst gequält
und zu Millionen umgebracht;
vom Feuer, das die Welt entfacht,
da keiner gab aufs Zündeln acht,
geschahen, eh man dich gebar.
(Und sind vielleicht auch gar nicht wahr.)
Was kann man tun in solcher Zeit?
Erfolgreich nur: Sich selber leid.

Apokryphes Selbstporträt

Nun bin ich ganz entfremdet
von Baum und Strauch und Blatt.
Fühllos: Die kleine Maschine
die jeder in sich hat.

Die Welt: Ein Chaos von Bildern
von Menschen die man vergaß.
Die Tage aus Apparaten:
Ganz nach Mittelmaß.

Bin nicht obschon ich denke.
Leb nicht obschon noch hier.
Weiß nichts durch alles Wissen.
Sterbe und bin kein Tier.

Müde des eigenen Rätsels
von drohender Zukunft krank,
wehrlos in jeder Lage
verpflichtet keinem. Zu Dank.

Blasphemia

Die Engel stürzte ihr Verlangen:
Vertauscht die Flügel gegen das Geschlecht.
Und wenn sie danach miteinander rangen
hat der Verlust sich gleich gerächt:
Sie waren plötzlich Männer. Oder Weiber.
Dem Himmel fern. Dem Boden ziemlich nah.
Und ahnten selbst noch als entblößte Leiber
daß ihnen durchaus Heil geschah.
Sublime Reibung. Ein gewisses Beben.
Sekrete mancherorts. Bewußtseinsschwund.
Als wollten sie verlorne Schwingen heben
und aufwärtssteigen: Mund an Mund.

Titanic-Gedenkblatt

Abgrundstille. Finster
ruhndes Wrack. Kreuzwerk Reeling.
So krustig die Glocke verstummt.
Von zögernder Strömung getragen
wie tot: Melusine
du treibst an mir vorbei
die Augen offen ganz schwarz
Nachtblick
dunkler als diese Tiefe
wenn der Scheinwerfer wieder
erlischt. Und ich weiß nicht
ob du überhaupt noch lebst
bevor dein Körper fischleicht
verschwimmt nahebei.
Es heißt ja: Unsere Natur
verwandle jede Katastrophe
beiläufig zur Ansichtssache
für später.

Im Staube Brandenburgs

Der Rote Adler entschwebte
über märkischem Sand
wo man gewöhnlich lebte:
Verloren. Ungekannt.

Seen und Stille und Ferne.
Kiefern: Der Harzgeruch.
Fremde besuchen gerne
Fontanes Bilderbuch.

Arkadien: Leicht zu entdecken
von grassierender Nostalgie.
Doch leben ums Verrecken
möchte dort einer nie.

Für E.A.P.

Ins Gedächtnis eingegraben:
Ob das als Trost noch gilt?
Hör auf die Stimme des Raben,
die jede Hoffnung stillt.

Ich dachte, wir bewegen
in unsrer Welt dies und das.
Doch der Rabe setzte dagegen
sein Wort ohne Unterlaß.

Was ich auch tue und treibe,
er kennt das Ende zuvor:
Und erfahre am eigenen Leibe
das dauernde »Nevermore«.

Faust III: Schlußvorstellung

Die Ideale abgetan:
Verdorrte Blätter
unbeschreiblich
raschelnd in der Erinnerung:
Grau teurer Freund
ist alle Utopie.
Nie wieder grün
des Lebens abgeholzter
Baum.

Lenin gegenwärtig

zeitunglesend am Stand
mit alten Kleidern
Orchard Street Lower Manhattan.
Der halbblinde Blick
nimmt Kenntnis vom Abschluß
des Experimentes. Ergebnis:
Null.

Hier gute Ware aus zweiter Hand!
ruft er jetzt
aber so leise daß nur
er selber es hört.

Larmoyanz

Zitate, Zitate. Wozu
die Lippen überhaupt öffnen.
Jede Zunge ein Sprungbrett
reihenweis Toter
mit dem Drang nach Unsterblichkeit.
Lenin hat gesagt. Bereits Marx erklärte.
Schon Goethe meinte.
Und selbst Gott sprach.
Am Anfang war das Wort.
Aber daß es wie tausendfach gemahlene
Spreu sei
weiß es selber nicht. Aus Staub
ist es zu Staub wird es
sobald dein Mund zuklappt
wie der Deckel
über Du weißt schon
welcher Kiste.

Tägliche Abtreibung

Von Rausch zu Rausch weggetrieben,
auf Lethe, dem gnädigen Fluß,
von allem fort, was wir lieben,
zu einem bestürzenden Schluß.

Wie jene Wasserfälle
tief im Dunkel des Mont Ventoux,
so stürzen wir auf der Stelle
dem eigenen Ende zu.

Denn wir kehren niemals wieder
als Muster ohne Wert.
Selbst ehrlichere Lieder
verschweigen, was uns widerfährt.

Verlogenes Sagen und Singen,
ein Wortschwall als Leichentuch:
Wir hören die Stimmen klingen
und ignorieren den Fluch.

Abirrungen

In alten Logbüchern geblättert:
Wie groß die Erde gewesen ist
durchtobt von Stürmen und
Seeungeheuern. Beseeligende Strände
zur Belohnung der Mühen.
Virginaler Sand. Hochbeinige Palmen.
Nahebei Quellen: Unaufdringliches
Gemurmel der Ewigkeit. Träume
vom Endziel in finsterer Koje:
Bettkasten der steigt und sinkt
das Knarren der Takelage
wortlose Stimme des Schicksals:
Gestern reisten wir
in eine Zukunft
um in keiner mehr anzugelangen.

Ereignis

Wie ein Gedicht
durch den Garten geht
noch einmal gen Abend hin.
Hinter ihm richten die Halme
sich wieder auf und verweigern
die Spur.

Ohne Adressaten

Um nicht zu leben schreiben:
Todesnachrichten aus einem
wachstumultarischen Campo Santo.
Vom Mißgeschick das uns umfängt:
Körpergeruch verstorbener Künftigkeiten
durchdringendes Miasma:
Erzähl mir nichts von diesen Leichen
in irgendwessen Namen
vom Bildschirm her dich grüßend
oder mich als ihresgleichen.
Zuhören heißt nicht
daran denken was vor der Tür steht
und uns die letzte Abfuhr erteilt:
Müll der wir sind: Jämmerliche
Verpackung aufgezehrter Wahrhaftigkeit.
Schreiben. Nur an niemand.
Mit Worten die wiederholen
daß alles längst gesagt ist. Nämlich
geraunt geschrien geflüstert und
geflucht unbrüderlichen Organismen
ins freigewillt ertaubte Ohr.

Einspruch

Kraft: Ausreichend für ein Gedicht.
Doch Verzicht, wen zu belehren.
Wenige Worte: Als Pflicht
sich gegen den Tod zu wehren

dem wir verfallen gelten:
Jeder an sich und samt
der besten aller trostlosen Welten
von welcher wir abgestammt.

Im Dröhnen vielsagender Fakten
klingt deine Stimme leis.
Das Gedicht? Zu den Akten:
Weil keinerlei Gegenbeweis.

Bekenntnis

Schön? Ich kann
keine schönen Gedichte schreiben.
Tote
unschön vertrieben aus ihrem Leben
legen ein Gewicht
auf meine Hand. Die Worte
werden zittrig statt trefflich.
Eine Bildsäule aus Sprache
sollte es sein und wird
grauer Schotter
niederprasselnd
in einem andauernden
Sturz.

IV

Aus dem Steinreich

Aus dem Steinreich

Witterungsbeständig. Kühl
bis in den Kern. Unbeweglich und
unregelmäßig. Überall anwesend. Oft
durchsetzt von Metallen. Hinderlich.
Nützlich. Ihr Versprechen
anstelle der Verstummten zu reden
haben sie nicht gehalten.
Aus einigen lassen sich Funken schlagen.
Ihre Teilnahme an Steinigungen
vergaßen sie gründlich. Weil
viel zu viele meist
ohne Wert. Kostbar nur die
an ihresgleichen geformt und geschliffen
und durch und durch hart wie
Herzen in denen sie
gefunden werden.

Heimlicher Hinweis

Das Sinnbild der Geschichte
Clio in einem Mantel aus Moos
versteckt hinter der Tonne mit Abfall.
Wäre ihr Gesicht nur weniger unkenntlich
vom verdorbenen Regen
es wirkte wohl schelmisch:
Trostlosigkeit entschuldigt sich stets
mit einem Lächeln. Weh
dem es sich erschließt. Gewisse
alte Gestalten zeigen angeschlagene
Züge Mienen
von Flechten maskiert
daß nicht gleichfalls erstarrt
wer solch steingewordene Offenbarung
zufällig anschaut.

Geburtsort

Nachts an die Scheiben schon wieder
pocht ein stürmisch Verfolgter:
Ums Haus stürzender Regen. Nun gedenke du
deiner ersten Stätte wie einer Verlorenen:
Hinter Hochspannungsgetakel und Grenzgrabsteinen
elektrischen Schneisen Festmeterfatalisten
von Lenné streng geordnet
jenes gehäuften Gemäuers: Heimat
eingeborener Gespenster
gebannt in ausgefranste Telefonbücher
spürbar im kraftlosen Wehen von letzten Zügen
zu den U-Bahnhöfen angsteinladender Einsamkeit
gefangen im unverständlichen Morsen
sterbender Leuchtstoffröhren
Widerschein im feuchten Asphalt:
Wer schon mal tot war ist hier
zuhause

Ein Ort Ein Name Ein Feuer
das hinter dir herläuft.

Berlin nochmals

Gezeichnet von Gier
ihr ganzer Organismus: Die Stadt
trank alles fraß alles verdaute alles.
Aus ihrem unterirdischen Geschlinge
quollen nur einmal wieder die Einwohner
kriegsendlich ans Licht: Tot und lebhaft
gedunsen.

Unter dem Pflaster versteckt vor Passanten
gewisse Vornahmen: Kleine Zelte
beschirmten schon immer
die andauernde Insemination.

Nach und nach gebar
sie sich selber: Eine leibhaftige
Norne
blind vom blutigen Schaum der Geschichte
und von ihrer befleckten Empfängnis
stigmatisiert.

Berlin N.O.

Darum ihre grauen Höfe
farbloser Träume Zufluchtsort.
Verhangne Fenster augenlos.
Verhängte Totenstille. Verklungen
alle Laute verstaubter Sommertage
der Stimmen Hall das Topfgeklapper
Kindergeschrei Hilferufe Flüche
die paar entwichnen Töne
verlogner Harmonien: Bedeutungsvoll
dem Selbstbetrug Erinnerung.

Wen dieser kalte Leib gebar
trieb Sehnsucht und sie ihn
auch folgerichtig fort
entgegen wohl
bemerkenswertern Untergängen.

Am Lietzensee II

Die einzige Gewißheit
der lichterfüllte Augenblick und wie
künstlich die ruhlosen Reflexe
auf dem Gewässer. Aufstiebend
Entenpaare seltsam
monogames Getier: Menschenartige
dagegen in schwarzem Leder fett
versträhntes Blondhaar irreal
mit Kind und Hund: Der aber dahockt
heraldisch gleichsam und anheimgegeben
ergebnisarmen Konvulsionen:
Erkennbar Wappenzeichen
vom Prinzip Hoffnung noch
bevor im Stillestehen selbst die Zeit
so zu sich selber kommt
kräuselt Wind die Oberfläche
der Täuschung schon ganz sacht.

In Charlottenburg spät

Der Abend verklärt Schaufenster
zu Guckkastenbühnen: Undramatisch
das Schauspiel des Lebens
weil vollkommen unhörbar.
Ein Hin und Her von stummen Geschöpfen
von keiner Zoologie noch erforscht.
Durch den eindringlichen Einblick
ward mir die Gattung andauernd fremder
bis Ladenschluß
bis zum Erschrecken
bis zur Flucht
zurück in die Geborgenheit
klassischer Irrtümer.

Zukunftsperspektive

Welch eine Abgeschiedenheit
in Wohnungen Berliner Hinterhäuser.
Pharaonenmächtig herrscht
Schlaf von Stockwerk zu Stockwerk:
Schlaf der viel mehr ist.
Alle spinnt Zeitstillstand ein.
Während wir miteinander reden
umgarnen uns
fahrige Worte bis zur Reglosigkeit.
Warum denn sonst ist uns
die Ahnung von Unsterblichkeit eigen?
Weil wir wissen
im Vorraum zum Nichts
(für den uns die Sparkasse
den Kaufpreis vorschoß)
werden wir einmal Wache halten:
Stumm und in effigie
erbärmlich erbarmungslos
wie eben erst zu Lebzeiten.

Metropolis

Scharenweise Gehäuse
leblos liegengeblieben
geordnet zur Quadratur
des Kreises: Zur Stadt.
Das Labyrinth präsentiert sich
verkehrstechnisch übersichtlich
und auswegslos.
Unter den Dächern
die vielen.
Abgestuft wohnhaft.
Fensterflügel
ihre einzigen Schwingen
zu graugewordener
Freiheit.

London im Juli

Heimgefunden zu sich selber
zum Ursprung aus Gassen und Gängen
in aller steinernen Stille.
Liebliches Labyrinth
verkommener Fluchtwege
durchzogen von ariadnischen Rinnsalen
verdächtiger Herkunft
auf ihrer Majestät Kopfstein.
Eckige Kragen eiserner Klöppelspitzen
der Schmuck schlummernder Armut.
Von milchig-blinden Fenstern
durchsetztes Geziegel
niedrig genug für eine Begegnung
von gleich zu gleich.
Jede Straße wie die andere
und wie keine sonst.
Hier bist du am Ziel
verheißt das weltferne Schweigen.
Lehne dich an mich
die Hausmauer und spüre
was sich den Augen entzieht:
Das Geheimnis jetzt
kurz vor sieben Uhr morgens
ehe die Glocken
von *Saint Martin in the Fields*
es zerschlagen.

Am Campo dei Fiori

Restbläue hinter Häuserdächern.
Hier und da schon Licht
von Fensterläden unverhohlen.
Herabgelassene Gitter
vor den Schätzen der Armseligkeit.
Nebenan die Pizzeria empfiehlt
ihre innere Leere komplett
durch einen reglos gewordenen
Besitzer. Still. Gleich will
Giordano Bruno vom Sockel steigen
und die Straßenreinigung
nach seiner Asche fragen.
Durch grelle Gassen allerwegen niemand
außer Katzenschattenjagden.
Noch schläft das Volk
sich selber bei. Es harren seiner
die Tische und die Stühle
pflasterwärts. Erwartung allgemein
daß deine Ewigkeit
für ein paar Stunden aussetzt
Mama Roma.

Barock

Wollüstige Ornamente
Ausgewrungene Tücher aus Marmor
Weißes steinernes Fett
mit orgiastischem Anspruch.
Stumme Unterwerfung
unter *Plastische Kräfte*
verhängt von der Kunstgeschichte.
Durch die hohen Flügeltüren
undurchdringlicher Schlösser
traten Gestalten ans Licht
majestätisch und dem guten Geschmack
widersprechend
wie man sie heute
auf Sankt Pauli nur trifft.

Am Mont Ventoux

Nur Geröll
besteht hier die Jahreszeiten.
Klappernd will ein Kiesel
der Totenstille entfliehen.
Dein Augenblick
Geist des Ortes im Federkleid
der in einer gigantischen Öde
erscheint und gleich wieder
verflattert.

In der Provence

Quelle im Fels
davor die morsche Tür
unverriegelt. Dahinter
quaderummantelte Finsternis.
Wer es wagte und sich beugte
gelangte ans Ende
des Tunnels. Aus Scheitelhöhe dort
auf ein schmales Rinnsal
sank zaghaft Licht
von Zeiten die immer schon
gewesene waren.

Kirchhof bei Gordes

Felsiger Grund mehrfach
rechteckig vertieft
zu Aufbewahrungsstätten für jeweils
eine Person oder ein Kind
so klein. Die Ränder abgebröckelt
von wetterwendischen Epochen.
Aber alle Aushöhlungen leer
ausgeraubt von niemandem.
Auferstehung erhofft
fromm und vergeblich haben
die als Jahr um Jahr wieder
verdorrendes Gras
Auferstandenen.

Tollan: Bei der Pyramide

Wo wir herkommen gibt es
keine Indianer. Keine barfüßigen
Geschöpfe wie diese Frauengestalt
wie dieses kurzleibige Beweisstück
der Völkerkunde: Es lebt
jetzt und ist doch fossil. Unser Blut
ist das gleiche nicht unsere Zeit.
Krallenfinger entblättern
aus Zeitungspapier ein Figürchen
ohne Kopf aus unvergeßlichen Tagen
da wir an Figuren und Kopflosigkeit
glaubten: Jedenfalls soweit
wir Einwohner eines Planeten waren.
Heute nimmt sie mein Geld –
wenig und viel aus verschiedener Sicht –
und bleibt geduldig im Vergessen zurück.
Während ich heimreise
und den archäologischen Schauplatz
gehörig wechsle.

Ruinenstätte

Umkleiden mit Fleisch
die Skelette. Wiederaufrichten
der Mauern. Atem einblasen
allem Toten und zuschauen
wie es neu lebt
um zu sterben: Unhaltbar
so wie im Schlaf deine Hand
der meinen entgleitet.

In Ephesus

Ich war nicht im Krieg
aber der Krieg kam zu mir und legte
seine Leichen vor meine Haustür:
Fleisch zu Fleisch.
Das ist lange her. Man vergißt
die maskenhaften Mienen
die Requisiten blutiger Reprisen.
Das Publikum erinnert sich
an das Stück und nicht an Akteure:
Zertrümmerte Sitzreihen
am Rand der Ägäis zeugen dafür
wie gleich wir uns blieben:
Zum Schlachten wie ins Theater:
Immer dasselbe schleimige Ferment
Lust Angst und Neugier.
Nach Schluß der Vorstellung dann
jene gewisse Enttäuschung
daß alle »Unsterblichen Opfer«
tot und umsonst sind.

Priene

Ohne Blutspur und doch zuhauf
die entfärbten Säulentrommeln. Bauchhohe Mauern
aneinander gewachsene Quadern.
Rostbraune Teppiche aus Trillionen
toter Kiefernnadeln Raum für Raum. Treppen
himmelwärts enden im Licht. Jeder zu Füßen
die Ebene: Nachfolgerin
landflüchtigen Meeres. Und alle und
alles überragend zu den besuchsweisen Häupten:
Der Fels
über die Ruinen geneigt wie es scheint
bedrohlich oder bloß gleichgültig
gegenüber unseren steinernen Stellvertretern:
Schweigende Zeugen
für die Aufhörlichkeit von den Träumen
des Fleisches

für den Anblick von Zukunft
für keinen den wir noch kennen.

Milet

Ärmliche Trümmer
fruchtlos ausgesät.
Hier sprach die Stimme rechtens:
»Wüst und leer!«
Dennoch erschien ein
Genius loci
unrasiert und zerlumpt
seine grau gegerbte Hand
voller Münzen im Wert
von drei Jahrtausenden
Pfeilspitzen grüne Bronze
vielleicht aus Leibern
wie diesem vor dir
von dem nichts bleibt
anstelle toter Werke.

Nochmals Milet

Das bin ich! besagen
umhergestreute Reste. Und angeschlagne
Säulenstümpfe entbieten stumm dir
Brüderschaft. Fragwürdige Formen
schlafen im Schwemmsand: Nachlaß eines Meeres
vergessen seit tausend und einer
Unbedenklichkeit. Bis auf einmal
ein Mensch daraus hervorgeht
schwerfällig schreitend wie solche die
aus großer Ferne kommen. Seine Hand
ist ausgestreckt und schmutzig und
gefüllt mit uraltgewordenen Münzen:
Anzahlung auf eine Zukunft bar aller
Garantie. Denn jetzt
zerdehnen letzte Sonnenstrahlen unsere
Gestalten immer mehr
wir werden ohne weiteres zu Schatten und
kehren gemeinsam mit dem Licht
endgültig heim in
Stein.

Gordion im Oktober

Wind
über leere Ebenen her.
Anhauch vorstellbar ähnlich
aus unentdeckten Grüften.
So fröstelnd
über das Trümmerwerk:
»Hauptstadt des großen Reiches
Phrygien.« Kein Zeuge
der Wächter in seiner Bude:
Nur Nachhut
einer Vergangenheit. Von deren
andauernder Niewiederkehr
ist hier von allen Steinen
die stumme Rede:
Gewohnte Menetekel ringsum
und sorglos dargeboten
meiner allgemeingültigen
Begriffsstutzigkeit.

Gordion: Nach Fehlversuchen

Mein Irrtum war
mich über die Trümmer zu erheben:
Die kulturhistorische Perspektive – etwas
für Blinde. Aber der Erde
aufgebrochenen Leib nahmen meine Augen
nicht wahr. Aus diesem kahlen
Bauch trat solche dauerhafte Frühgeburt
genannt »Hauptstadt
des phrygischen Reiches«. Du hättest
New York werden können Tokio Paris.
Aber bevor Alexander der Große
hier den Knoten der Weissagung durchschlug
(Gewalt legitimiert den Herrscher)
waren schon die Wälder gefällt
die entscheidenden Schlachten geschlagen
die Gebeine verstreut.
Tote Natur
aus welcher gelehrte Frevler
den steinernen Fötus zogen
um ihn entblößt liegenzulassen.

Kalypsos Insel

Bloß in solchen verschlingenden Höhlen
nimmt noch das Leben sich wahr:
In Erdeingeweiden voller Dunkel
und Gier. Zu Gehör gebracht
eine uns umfassende Stille.
Entblößung unwiderruflicher Natur:
Tierisches Fleisch beieinander.
Feuchtes Geschlecht
Staunen erregend und Vergessen.
Von Haut zu Haut aber spannt sich
nun die unendliche Ferne:
Blicke die sich nicht mehr erkennen
beenden die falsche Gewißheit
wer anders zu sein draußen im Licht
(eine Art Odysseus womöglich)
getäuscht von oberflächlichen Fahrten
und Jahren.

Atlantis

Als es unterging Sklaven
sollen geschrien haben in dieser Nacht
wie ihre Eigentümer: Homo sum.
Aber in den Legenden herrscht Stille
als wäre die Geschichte ein Konzert
gewesen und die Mitwirkenden heimgegangen.
Akten zur Beweisführung herbeigeschafft
ihre blutige Schrift verblichen aber.
Erneut gelang die Transsubstantiation:
Alle Getöteten wurden zu annehmlichen Zahlen.
Heute schon sind für morgen die Fundstücke
frei von Konservierungsmitteln: Alles
Rätsel für Nachgeborene.
Wenn da wirklich geschrien wurde ist es ja
längst verhallt.
Amtlich als akkustisches Phänomen eingestuft.
Als Präzedenzfall
für alle Zukunft wo wir geschrien haben
werden.
Und die Unbetroffenen es deutlich überhört.
Und einige die Gelegenheit ergriffen
zu einem Gedicht: Spätfolge
von Untergängen die allein durch Ortsnamen
der Unterscheidung sich fügen.

Fernweh

Hilflos und blind
so irren die Betroffenen
durch verlassene Straßen im schönen
Sonnenschein: Hier möchte man
Ferien verleben und das Leben
verbringen. Unzählige Blüten Tote Kinder
sacht verscharrt.
Wir wechseln unsre Leiden wie
schlechte Angewohnheiten. Und wissen nicht
wozu hergekommen
mit immerhin geputzten Schuhen
das Jackett frisch gebügelt fast elegant
wenn doch nur dürre Erde bleibt.
Wozu der Türme Alabaster der Läden
Feinkost Durchdringend Glockenläuten
Aufgeflatter Tauben Rufe
von Menschen immer
unverständlicher: Bis alle
Pulsschläge verebben wie Wellen
ehdem mächtige Tiere nun
an die verruchten Küsten
werfen.

Reisebericht

Weggehen und wiederkommen.
Dazwischen eine Zeit gleich
zwischen Schlaf und Erwachen.
Mühe des Erinnerns an etwas
Geträumtes das immer unwirklich
wahr gewesen bleibt.

Inhalt

1. Herbstanbruch in Arkadien

In fremder Heimat 9
Erwachen 10
Aus meiner Vorgeschichte 11
Feuerwanzen 12
Kindheitserinnerung 13
Biographie 14
Alltäglicher Spuk 15
Doublette 16
Gestern nacht 17
Dunkle Stunde 18
Nordsommer 19
Hinter der Hecke 20
Botanische Exkursion 21
Ausschau 22
Sommertag 23
Altgewordenes Haustier 24
Märchenhafter Augenblick 25
Herbstanbruch in Arkadien 26
Unwetter anhaltend 27
November 28
Herbstmorgen 29
Nach dem Schneefall 30
Sekunde 31
Winterabendausblick 32
Der letzte Januar 33
Winterweg 34
Fundsache 35
Gegenüber der Deponie 36
Verwilderter Park 37

Sonntag auf dem Lande 38
Meine diversen Adressen 39

II. Fluchtweg für Phönix

Daidalos 43
Autofriedhof 44
»Für friedliche Zwecke« 45
Naturgeschichte 46
An einem 1. Mai 47
Aus deutscher Vergangenheit 48
Lehren ziehen 49
Die Fee 50
Weihnacht 51
Einkaufszentrum 52
Kunde im Hörselberg 53
Gespräch der Flaneure 54
Alltagungen 55
Städtische Frühe 56
Verwandtschaftsweise 57
Achtzeiler 58
Paläontologie 59
Besuch im Fotoalbum 60
Impression 61
Eintagsfliegen 62
Am nächsten Schwarzen Freitag 63
Bilanz 64
Abendstunde 65
Atemloses Gedicht 66
Eintritt Morpheus 67
Unterwegs mit Charon 68
Wahrnehmung 69
Bei Einvernahme 70

Standpunkt 71
Fluchtweg für Phönix 72

III. In Heines Sinn

Ratschlag in Heines Sinn 75
Apokryphes Selbstporträt 76
Blasphemia 77
Titanic-Gedenkblatt 78
Im Staube Brandenburgs 79
Für E.A.P. 80
Faust III.: Schlußvorstellung 81
Lenin gegenwärtig 82
Larmoyanz 83
Tägliche Abtreibung 84
Abirrungen 85
Ereignis 86
Ohne Adressaten 87
Einspruch 88
Bekenntnis 89

IV. Aus dem Steinreich

Aus dem Steinreich 93
Heimlicher Hinweis 94
Geburtsort 95
Berlin nochmals 96
Berlin N.O. 97
Am Lietzensee II 98
In Charlottenburg spät 99
Zukunftsperspektive 100

Metropolis 101
London im Juli 102
Am Campo dei Fiori 103
Barock 104
Am Mont Ventoux 105
In der Provence 106
Kirchhof bei Gordes 107
Tollan: Bei der Pyramide 108
Ruinenstätte 109
In Ephesus 110
Priene 111
Milet 112
Nochmals Milet 113
Gordion im Oktober 114
Gordion: Nach Fehlversuchen 115
Kalypsos Insel 116
Atlantis 117
Fernweh 118
Reisebericht 119

Günter Kunert im
Carl Hanser Verlag

Gedichte

Abtötungsverfahren
92 Seiten. 1980

Berlin beizeiten
117 Seiten. 1987

Erinnerung an einen Planeten
Gedichte aus fünfzehn Jahren
85 Seiten. 1963

Im weiteren Fortgang
117 Seiten. 1974

Stilleben
111 Seiten. 1983

Unterwegs nach Utopia
96 Seiten. 1977

Verkündigung des Wetters
91 Seiten. 1966

Verlangen nach Bomarzo. Reisegedichte
Mit 12 Federzeichnungen des Autors
73 Seiten. 1978

Warnung vor Spiegeln
87 Seiten. 1970

Prosa

Auf Abwegen und andere Verirrungen
299 Seiten. 1988

Camera obscura. Prosa
136 Seiten. 1978

Der andere Planet. Ansichten von Amerika
207 Seiten. 1975

Die Beerdigung findet in aller Stille statt. Erzählungen
120 Seiten. 1968

Die Schreie der Fledermäuse. Geschichten, Gedichte, Aufsätze
Herausgegeben von Dieter E. Zimmer
383 Seiten. 1979

Gast aus England. Erzählung
157 Seiten. 1973

Im Namen der Hüte. Roman
265 Seiten. 1967

Tagträume in Berlin und andernorts
Kleine Prosa, Erzählungen, Aufsätze
334 Seiten. 1972

Verspätete Monologe
202 Seiten. 1981

Zurück ins Paradies. Geschichten
172 Seiten. 1984

Essays

Diesseits des Erinnerns. Aufsätze
247 Seiten. 1982

Vor der Sintflut. Gedichte als Arche Noah
Frankfurter Vorlesungen
117 Seiten. 1985

Warum schreiben? Notizen zur Literatur
295 Seiten. 1976

Aus fremder Heimat. Zur Exilsituation heutiger Literatur
Herausgegeben von Günter Kunert
116 Seiten. 1988

Über Günter Kunert:
Kunert lesen
Herausgegeben von Michael Krüger
236 Seiten. 1979